KIRCHE ANDERS

Matthias Fankhauser

Kirche Anders

Fresh Expressions für Methodisten
und andere mutige Christen

Bibliografische Information der Deutschen Nationalbibliothek:
Die Deutsche Nationalbibliothek verzeichnet diese Publikation in
der Deutschen Nationalbibliografie; detaillierte bibliografische
Daten sind im Internet über http://dnb.dnb.de abrufbar.

Titelbild: rawpixel.com
Herstellung und Verlag: BoD – Books on Demand, Norderstedt

ISBN: 978-3-7528-3386-7

Inhaltsverzeichnis

Variationen

In der Welt der Musik gibt es jene wie mich, die Noten brauchen, um ihr Instrument zu spielen, und andere, die freie Variationen zu einer bekannten Melodie spielen können. Beides kann schöne Musik geben, aber die Welt wäre ärmer ohne musikalische Improvisationen.

In der Kirche kennen wir bewährte Formen von Gottesdienst und kirchlichem Leben, in denen Menschen zum Glauben an Christus finden und zu gemeinsamem Leben in Glaube, Hoffnung und Liebe ermutigt werden. Und zugleich gibt es eine wachsende Zahl von Menschen, für die diese bewährten Formen christlicher Gemeinden fremd und in keiner Weise einladend sind.

Diese kleine Schrift will Mut machen zu Variationen kirchlichen Lebens, in denen die Botschaft des Evangeliums Menschen dort erreicht, wo ihre Lebenserfahrungen und Lebensräume sind. „KIRCHE ANDERS" macht auf die Veränderungen aufmerksam, die unsere Gesellschaft prägen, und ermutigt Christinnen und Christen, Neues auszuprobieren und lernbegierig zu bleiben. Ich wünsche all jenen, die neue Schritte wagen, die Erfahrung, dass Gott ihnen auf diesem Weg bereits vorangegangen ist und sie Spuren von Gottes Wirken überraschend neu entdecken.

Bischof Patrick Streiff, Zürich

Ein kurzer Einstieg

Kirche für die heutige Gesellschaft gestalten, das war schon immer das Anliegen der Christen. Seit Beginn der Missionsreisen des Paulus spielte die Situation, in der die Menschen lebten, eine entscheidende Rolle dafür, wie das Evangelium verkündet und christliche Gemeinschaft gestaltet wurde. Das führte unweigerlich zu Spannungen unter den verschiedenen Gruppierungen. Bald schon wurde darüber gestritten, wie christliche Gemeinschaft zu sein hat. Kurz gesagt, der Konsens des damaligen Apostelkonzils war, dass es wohl verschiedene Formen braucht. (Siehe auch Apostelgeschichte 15 und Galaterbrief 2). Das eine tun und das andere nicht lassen, war die Devise. Das führte dazu, dass sich Paulus in Richtung Neulandmission aufmachte.

Die Bewegung, die damals entstand, wurde irgendwann im Lauf der Zeit zu einer Institution genannt «Kirche». Und das war gut so. Bis sich die Geschichte wiederholte und ähnliche Fragen aufgeworfen wurden. Im Rückblick über all die Jahrhunderte kann man wohl sagen, dass aus jeder christlichen Bewegung irgendwann eine Institution wurde. Das wiederum führte zu einer Reform, die aus der Institution wieder eine Bewegung machte. So entstanden mit der Zeit verschiedene Formen von christlichen Gemeinschaften oder eben Kirchen.

Kirche innovativ gestalten ist das Anliegen der folgenden Seiten. Fresh Expressions zeigen, wie Kirche in der heutigen Zeit aussehen kann. Es braucht Mut, sich auf Veränderungen einzulassen und Experimente zu wagen. Wie sagt man so schön: „Wer nichts wagt…"
Ich hoffe hiermit einen kleinen Beitrag zu leisten, damit Sie Ihren nächsten Schritt wagen.

Kirche für alle - in verschiedenen Formen

Kämpfe für das, was dir wichtig ist, aber kämpfe um nichts, was es nicht wert ist.

Fresh Expressions of Church

Im Jahr 2004 wurde von der anglikanischen und der methodistischen Kirche in England das Positionspapier „mission-shaped church" *(dt. Titel: Mission bringt Gemeinde in Form)* veröffentlicht. Darin wird erstmals der Begriff „Fresh Expressions of Church" benutzt. Beschrieben wurde das Anliegen, Kirche für die heutige Gesellschaft relevant zu gestalten und dazu „neue Ausdrucksformen von Kirche" (dt. für Fresh Expressions of Church) zu finden. Seit 2004 entstanden weltweit mehr als 3'000 solcher Fresh Expressions, wie die Projekte genannt werden. Die Methodistische Kirche und die Church of England hatten dabei eine führende Rolle. Inzwischen gibt es rund um den Erdball Fresh Expressions. Es scheint, als sei die Zeit reif, dass aus der Institution wieder eine Bewegung wird.

Die Initianten definieren Fresh Expressions als eine Form von Kirche für eine sich verändernde Kultur, in erster Linie für Menschen gestaltet, welche keine Mitglieder einer Kirche sind.

Fresh Expressions beginnen mit den Prinzipien Hören, Dienst am Menschen, kontextuelle Mission und Nachfolge Jesu.
Das heisst, Fresh Expressions sind

- missional: sie suchen bewusst die Beziehung zu Menschen, die nicht kirchlich engagiert sind;
- kontextuell: sie knüpfen bei den Themen an, welche die Menschen in ihrem Kontext beschäftigen;
- formativ: sie bringen Menschen in Kontakt mit dem dreieinigen Gott, dem Evangelium und damit in die Nachfolge Jesu;
- ekklesial: sie wollen christliche Gemeinschaft sein oder werden.

Kurz gesagt: Fresh Expressions sind Kirche für Menschen mit wenig bis gar keinem Bezug zum christlichen Glauben. Sie helfen den Menschen, Gott zu entdecken, ihn näher kennenzulernen und ihr Leben mit ihm zu gestalten.

Unser Auftrag

„Menschen in die Nachfolge Jesu Christi führen und so die Welt verändern." (*The mission of the Church is to make disciples of Jesus Christ for the transformation of the world. Book of Discipline Art. 120*). So beschreibt die Evangelisch-methodistische Kirche ihren Auftrag, ausgehend vom Sendungsauftrag den Jesus seinen Jüngern in Matthäus 28,19-20 gab. Methodisten haben seit jeher grundlegende Überzeugungen und Werte, welche sie weltweit untereinander verbinden.

Massgebende Grundlagen für das Leben und Wirken der EMK sind ein differenziertes Bibelverständnis, das Tradition und Vernunft im Sinne des gesunden Menschenverstandes und der persönlichen Erfahrung einbezieht; der Wert des gemeinsamen Singens; das Abendmahl; Kleingruppen, die Verbindlichkeit fördern; die Kraft, die darin liegt, wenn wir uns gegenseitig von Gottes Wirken in unserem Leben erzählen und das Gebet.

Methodisten gehen davon aus, dass Gottes Gnade allen Menschen gilt, sein Abbild in allen Menschen zu finden ist, seine Gnade in uns wirkt, bevor wir es wahrnehmen, und Heiligung ein lebenslanger Prozess ist.

Heiligung beinhaltet nicht nur das, was Christus „für uns getan hat", sondern auch das, was Gott durch Christus „in uns tut".

Und schliesslich sprechen wir Methodisten von allgemeinen Regeln, die wir befolgen wollen. 1. Nichts Böses tun, sondern Böses aller Art meiden; 2. Gutes tun; 3. Gebrauch der Gnadenmittel wie: Gottesdienst, Bibel lesen, Abendmahl, Gebet, Fasten. Das alles findet letztlich Ausdruck im praktischen Handeln des einzelnen Christen im Alltag - in einem Glauben, der in der Liebe tätig ist.

Als Methodisten sind wir eine weltweit verbundene Kirche, wodurch sie eine grosse Vielfalt hat. Möglich wird dies dank des Grundsatzes: „In allen Fragen, die nicht die Wurzel des Christentums treffen, halten wir es mit der Regel: Denken und denken lassen."

Von Beginn an war es den Methodisten wichtig, Menschen in die Nachfolge Christi zu führen. Jüngerschaft – oder eben Nachfolge Jesu – stand vor Mitgliedschaft. Nachfolge geht tiefer, an die Basis des Lebens, und ist für jeden Christen essentiell. Mitgliedschaft drückt in erster Linie aus, wo man sich dazu zählt, zu welcher Organisation man gehört, wo man als Christ lebt, seine

Gaben einbringt und seinen Dienst tut. Jedoch kann Mitgliedschaft ohne Nachfolge oberflächlich, institutionell und sogar unbedeutend werden. Das gleiche geschieht dann mit der Organisation selber, sie wird von einer Bewegung zu einer Institution und nicht selten unbedeutend.

John Wesley, einer der Gründer der Methodistenkirche, hat diese Gefahr früh erkannt und meinte letztlich: *„Ich fürchte nicht, dass es die Leute, die man Methodisten nennt, in Europa oder Amerika einmal nicht mehr geben könnte. Mir graut aber vor dem Gedanken, dass sie einmal nur noch als tote Gruppe existieren könnten – äusserlich eine Glaubensgemeinschaft, jedoch ohne Kraft"* (John Wesley, „Über allem die Liebe" – Ein John Wesley Brevier S.29, Verlag Edition Ruprecht)

Wozu Fresh Expressions of Church?

Welche Form von christlicher Gemeinschaft braucht die heutige Gesellschaft? War dies damals die Frage des Petrus und des Paulus, bleibt es die gleiche Frage unserer Zeit. Umfragen in England zum Thema Kirche teilen die Befragten in drei Kategorien ein: „Kirchgänger", „entkirchlicht" und „keinen kirchlichen Hintergrund" (s. S.18). Nur gerade 20% der Befragten sehen sich als „Kirchgänger". Das heisst, sie nehmen mindestens einmal im Monat an einem kirchlichen Anlass teil. Der grosse Rest hat genug von der Kirche oder hatte noch gar nie Kontakt. Allein diese Einteilung zeigt, dass ein gutes Programm alleine nicht mehr genügt, um die Menschen unserer Umgebung zu erreichen. Denn sie sind entweder enttäuscht von dem, was sie erlebt haben, oder sie haben gar keinen Zugang zu Kirche.

Auf der anderen Seite ist eine neue Lust nach Spiritualität in unserer Gesellschaft gewachsen, ebenso eine Sehnsucht nach Beziehungen. Christliche Gemeinschaften haben beides zu bieten. Deshalb sind Fresh Expressions missional ausgerichtet. «Missional» funktioniert nur durch Beziehungen.

Eine grundlegende Unterscheidung der Kirchen und Gemeinden, die in den letzten Jahren entstanden sind, liegt darin, ob sie *attraktional* oder *missional* sind. Das heisst, ob sie Programme für die Menschen oder Programme mit den Menschen ihrer Umgebung gestalten. Eine *attraktionale* Gemeinde gestaltet ihre Angebote so, dass möglichst viele Menschen dazu kommen und später einmal Mitglieder werden. Damit dreht sich in erster Linie um sich selbst und die Ressourcen, die gebraucht werden, um Kirche zu sein. *Missionale* Gemeinden verstehen sich als Teil der Gesellschaft, die gemeinsam mit den Menschen im Umfeld Kirche gestaltet. Entsprechend setzten sie ihre Ressourcen ein. Attraktionale Gemeinden brauchen die Mitglieder, um die Programme durchzuführen, missionale senden ihre Mitglieder, damit sie sich in ihrer Umgebung einbringen können. Selbstverständlich gilt: Gesunde, lebendige Gemeinden sind immer beides, attraktional und missional.

Unsere Hoffnung, unseren Glauben nicht nur für uns zu behalten, sondern im Umgang mit den Menschen um uns herum zu leben und darüber zu sprechen, führt dazu, dass in unserer Umgebung Gottes Wirken sichtbar wird. Missional leben heisst also nichts anderes, als schauen, was Gott tut und mitmachen. Sich selber als

Teil von Gottes Mission in dieser Welt zu betrachten und entsprechend zu handeln.

Missional leben bedeutet folglich, dass wir Christen unseren Glauben im Alltag sichtbar werden lassen. So, wie Paulus den Korinthern schreibt: *„Jeder kann sehen, dass ihr selbst ein Brief von Christus seid, den wir in seinem Auftrag geschrieben haben; nicht mit Tinte, sondern mit dem Geist des lebendigen Gottes; nicht auf steinerne Gesetzestafeln wie bei Mose, sondern in menschliche Herzen." (2. Korinther 3,3)*

Wandel der Gesellschaft

Die Frage ist nicht, ob die Welt sich verändert, sondern wann.

Die Welt, in der wir leben

Church Army Research Unit, eine Organisation in England, welche sich intensiv mit Fresh Expressions auseinandersetzt, untersuchte Mitte 1990 die Entwicklung der Church of England, die anglikanische Kirche. Dabei stellten sie folgende Gruppen von Kirchenbesuchern fest:

- regelmässige Kirchenbesucher: 10%
- ab und zu: 10%
- entkirchlicht aber offen: 20%
- entkirchlicht nicht offen: 20%
- keinen kirchlichen Hintergrund: 40%

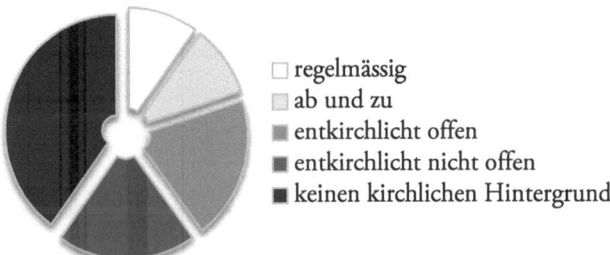

☐ regelmässig
☐ ab und zu
■ entkirchlicht offen
■ entkirchlicht nicht offen
■ keinen kirchlichen Hintergrund

Die Untersuchungen zeigen, dass die Bestrebungen, Menschen mit dem Evangelium zu erreichen, auf rund 30% der Menschen ausgerichtet war, die „ab und zu" die Kirche besuchen oder „entkirchlicht aber offen" sind. Das bedeutet, dass 60% der Menschen nicht erreicht wurden, nämlich jene die kein Interesse an christlicher Gemeinschaft zeigten. 2015 wurde die Untersuchung wiederholt und es zeigte sich, dass die Entkirchlichung weiter fortschreitet. Die Erwartung, dass die Leute wieder zurückkommen, hat sich nicht erfüllt. Ein ähnliches Bild zeigt sich im deutschsprachigen Raum rsp. in fast ganz Westeuropa und den USA.

Kurz zusammengefasst kann man festhalten:

- Der Anteil an Christen innerhalb der Bevölkerung sinkt.
- Reformierte und katholische Kirchen erleben den stärksten Rückgang (abgesehen von Migranten mit katholischem Hintergrund).
- Evangelikale und fundamentalistische Kirchen stagnieren oder nehmen leicht zu.
- Charismatische Kirchen nehmen stark zu.
- Es gibt immer mehr Christen, die sich zu keiner Kirche mehr zählen.

- Frauen sind offener für Kirchenangebote als Männer.
- Ändert sich nichts, wird der Anteil derer, die «keinen kirchlichen Hintergrund» haben, massiv steigen.

Hinzu kommt, dass sich unsere Gesellschaft in den letzten Jahren massiv verändert hat. Zählte früher die Nachbarschaft oder Dorfgemeinschaft als Zentrum, so lebt man heute in Netzwerken, welche sich nach Themen orientieren. Die Vernetzung ist meist weltweit und nicht lokal beschränkt. War früher die Kirche das gesellschaftliche Zentrum mit entsprechendem Einfluss, sind heute viele Subkulturen entstanden, die nebeneinander existieren. Mit den Subkulturen entstanden zudem sogenannte «Neighbourhoods», kleine Nachbargemeinschaften.

Noch vor ein paar Jahren stand das WIR als Gemeinschaft im Vordergrund. Man nahm an kirchlichen Anlässen teil, weil dort alle Beziehungen möglich waren. Heute steht das ICH eher im Vordergrund. Das hat zur Folge, dass ich solange an einem Ort mitmache, wie ich einen persönlichen Nutzen davon habe oder einen Sinn darin erkenne. Ich bewege mich nur in den Feldern, die mir etwas bringen, mir sinnvoll erscheinen und meinen Interessen entsprechen. Besonders jüngere Menschen sind nicht mehr an eine Institution gebunden, dafür in ein Netzwerk von Freunden eingebunden. Ausgeprägter ist dies in städtischen Gebieten.

Diese Entwicklungen haben mehrere Gründe, dazu gehören sicher: höhere Mobilität, verfügbare Finanzen und Zeit, grössere Selbständigkeit der Einzelnen, neue Kommunikationsmöglichkeiten.

Die Erkenntnis, dass sich die Welt verändert, ist nicht neu. Dabei aber auch zu erkennen, dass sich die Kirche verändern muss, ist zumindest herausfordernd. Viele christliche Gemeinschaften gründen auf soziale Konformität, zumindest aber Harmonie, und weniger auf Jüngerschaft, der Nachfolge Jesu Christi. Das hat zur Folge, dass Menschen, die anders denken oder einen anderen Lebensstil haben, nicht Platz finden oder an den Rand gedrängt werden.

Ein weiterer Grund für den Anstieg von Menschen, die «entkirchlicht» sind oder «keinen kirchlichen Hintergrund» haben, liegt darin, dass unsere Bemühungen, Menschen mit dem Evangelium zu erreichen, sich auf die 30% beschränken, die bereits einen Bezug zur Kirche haben. Anders gesagt: Wir predigen zur eigenen Gemeinde. Nun ruft uns Gott aber zu allen Völkern, oder wie die Methodisten John Wesley zitieren würden: „*The world is my parish*". Die ganze Welt ist unsere Kirche, nicht nur das Gebäude, in dem wir uns versammeln.

Was bedeutet das? - Wenn wir Gottes Auftrag an seine Nachfolger ernst nehmen, dann kann das nur bedeuten, dass wir uns den Menschen um uns herum annehmen, egal ob sie in die Kirche gehen oder nicht. Wenn Mitgliedschaft immer weniger ein Thema ist, werden wir uns darauf besinnen müssen, was mit Nachfolge Jesu gemeint ist. Die Komplexität unserer Gesellschaft fordert uns heraus, in mehreren Ebenen zu denken. Gleichzeitig entstehen neue Möglichkeiten, christliche Gemeinschaft zu leben. Wenn Hunger nach Spiritualität und die Suche nach guten Beziehungen die grossen Themen unserer Gesellschaft sind, dann haben wir als Kirche einiges zu bieten.

Wir müssen lernen, wie Kirche neu aussehen kann. Eine nicht ganz einfache Aufgabe, denn wir haben unsere eigenen Vorstellungen, geprägt von unseren Erfahrungen, wie Kirche ist und gestaltet wird. Wir müssen uns auf die neue Situation einlassen. Wie Paulus sind wir herausgefordert, den Juden ein Jude, den Griechen ein Grieche zu werden. Hier setzten Fresh Expressions an.

Wo sind all die Menschen hin?

Wir suchten einen Termin, um das Vereinslokal auf Vordermann zu bringen. Nach einigem hin und her machte jemand den Vorschlag, sich an einem Sonntagmorgen zu treffen. Einhellig war die Meinung, das passe. Sonntag, 10 Uhr im Vereinslokal. Etwas schüchtern meinte ich, ich könne am Sonntagmorgen nicht, ich würde dann halt irgendwann am Nachmittag dazu stossen. Kurze Pause. Dann meinte jemand: „Aber klar doch, du bist natürlich entschuldigt. Du bist ja Pfarrer, da musst du natürlich zur Kirche."

Einmal mehr wurde mir klar: Im Denken vieler Menschen ist Kirche irrelevant. Sie hat keinen Bezug zu ihrem Leben – ausser vielleicht bei Hochzeiten und Beerdigungen. Aber auch da gibt es interessante Alternativen.

Wenn ich am Sonntag früh unterwegs bin, fallen mir ein paar Gruppen von Menschen auf. Da sind einmal jene, welche sich eben erst auf den Heimweg nach durchwachter Nacht machen. Sie sehen entsprechend müde aus. Vielleicht würde ihnen ja ein Gottesdienst ganz gut tun, denn bekanntlich gibt es der Herr den Seinen im Schlaf.

Dann gibt es die Sportler. Sie Joggen dem Fluss entlang, erklimmen Berggipfel und sind unterwegs zu ihrem Wettkampf.

Das wiederum führt zu einer dritten Gruppe, den Zuschauern. Sie machen sich etwas später auf den Weg, um ihre Idole anzufeuern. Oder sie begleiten ihre Kinder an deren Wettkämpfe.

Schliesslich gibt es noch diejenigen, die zur Arbeit müssen. Sie helfen mit, dass auch am Sonntag alles rund läuft. Von den Putzkolonnen bis zum Serviecepersonal, von den Buschauffeuren bis zu den Pfarrpersonen auf der Kanzel.

Und ja, es gibt Menschen, die am Sonntagmorgen in die Kirche gehen – auch wenn das ein verschwindend kleiner Teil der Gesellschaft ist.

Traditionelle Kirche existiert nicht in einem Vakuum. Sie ist Teil der Gesellschaft und sollte mitten im Geschehen des Alltags sein. Nur leider ist die Kirche nicht mehr das Zentrum des Geschehens, sondern ein Angebot unter vielen. Wir leben nicht mehr in einer Kirchenkultur, sondern in einer Multioptionskultur. Aber wir sollten nicht annehmen, dass Menschen nicht auf der Suche nach Gott sind, nur weil sie nicht zur Kirche gehen.

Netzwerk oder dritte Orte

Seit Beginn des 21. Jahrhunderts gewinnen Netzwerke enorm an Bedeutung. Sie ersetzen zwar nicht die Nachbarschaft, aber sie verändern diese. Gemeinschaft wird immer öfter in Netzwerken gelebt und um diese herum geformt. Ein Netzwerk entsteht um ein Hobby (Joggen, Wandern, Sport, Yoga), bei der Arbeit oder um ein soziales Thema (Migranten, LGBT Community, Selbsthilfegruppen). Untereinander verbunden sind die Mitglieder dieser Netzwerke durch Online-Kommunikation und persönlichen Begegnungen. Das Konzept der dritten Orte hilft, den Unterschied zwischen Nachbarschaft und Netzwerken zu verstehen. Es gibt zwei Orte, an denen wir die meiste Zeit unseres Lebens verbringen: Zuhause und auf der Arbeit. Wo verbringen wir dann den Rest unserer Zeit, wenn wir nicht schlafen oder arbeiten? Zur Blüte des Christentums war dieser dritte Ort die Kirche. Man traf dort seine Freunde, knüpfte Geschäftsbeziehungen, spielte Fussball, sprach über Politik, traf die Liebe seines Lebens, die man dann später auch heiratete. Heute geschehen all diese Dinge an anderen dritten Orten: Kaffees, Sportclubs, Digitale Medien, Pubs und vieles mehr. Die heutige Generationen wie Gen X, Millenials, Gen Y und Gen Z gestalten ihr Leben rund um diese dritten Orte.

Beobachten wir diese neuen dritten Orte, stellen wir fest, dass meistens folgende Elemente zu finden sind:

- es bestehen keine finanziellen Barrieren
- es gibt etwas zu essen
- die Atmosphäre ist gastfreundlich
- der Ort ist einfach zugänglich
- es gibt Besucher, die regelmässig da sind, und Neuankömmlinge, die einfach Zugang finden
- Diskussionen sind die Hauptform der Kommunikation, partizipativ
- die Stimmung ist spielerisch

Auf den ersten Blick würden wir dasselbe von unseren Kirchen behaupten. Doch bei genauerem Hinsehen müssen wir zugeben, dass wir öfters grössere Barrieren haben, als uns lieb sein kann: Wir erwarten Spenden, unsere Gebäude sind nicht immer auf dem neuesten Stand, für viele Neue ist es schwierig, Anschluss zu finden, Referat (sprich Predigt) und Gesang sind die Hauptform der Kommunikation, und die Stimmung ist häufig eher steif als spielerisch.

Die grosse Herausforderung liegt darin, sich auf diese neuen dritten Orte einzulassen, sich selber dorthin zu begeben und nicht mehr zu erwarten, dass die Leute dann schon kommen. Es zeigt sich: Das grösste Missionsfeld liegt vor unseren Türen und es verlangt von uns kreative Arbeit. Oder wie Jesus zu seinen Jüngern sagte: *„Macht doch eure Augen auf und seht euch die Felder an! Das Getreide ist schon reif für die Ernte.“* (Johannes 4,35)

Jeder Mensch besitzt Talent. Was selten ist, ist der Mut, ihm zu folgen. (chinesisches Sprichwort)

Kirche anders denken

Der frühere anglikanische Erzbischof von Canterburry, Rowan Williams, prägte den Begriff „mixed economy of church". Er drückte damit aus, dass es beides brauche, die bestehende, traditionelle Kirche wie auch Fresh Expressions, neue Formen von Kirche. „Mixed economy" beinhaltet beides, traditionelle Kirche und nicht traditionelle, Angebote und Programme innerhalb der Kirchenmauern und ausserhalb, Gottesdienste in der Kirche und im Pub oder anderen Orten. Im Grunde beschreibt Williams den Zustand der frühen Kirche zu Zeiten des Apostelkonzils, der Diskussion zwischen Petrus und Paulus (s. S.8). Es wird weiterhin Gemeinschaften brauchen, die eher traditionell geprägt sind.

Die Geschichte zeigt, dass aus jeder Bewegung eine Institution wird. Im neuen Testament sehen wir solche Entwicklungen von „organischer Diversität" im 1. Korintherbrief beschrieben mit den verschiedenen Gaben, die ein Ganzes geben, hin zu organisierter kirchlicher Struktur (1. und 2. Timotheusbrief). Diese Entwicklung durch die methodistische Brille (Bibel, Tradition,

Vernunft, Erfahrung) betrachtet: Es braucht beides, strukturierte Organisation und inspiriertes Chaos, Freiheit und Regeln. Die Aufgabe der Kirchenleitung liegt darin, beides mit Ressourcen zu unterstützen, Tradition und Innovation.

Gehen wir vom Grundsatz aus, dass Gott an und in dieser Welt eine Mission (Missio Dei) hat und wir als Christen mitwirken dürfen, dann scheint es mir logisch zu sein, dass wir alles daran setzen, unsere Kräfte dort einzusetzen, wo wir Gottes Wirken erkennen, durch bestehende Kirchen und durch Fresh Expressions.

Kennon Callahan schreibt: *„Die dunkle Seite der christlichen Kirche unserer Zeit ist, dass so viele Gemeinden mit ihren Schwächen, Problemen und Sorgen beschäftigt sind, als ob es kein offenes Grab und keinen auferstandenen Herrn gäbe. Es ist, als ob diese Gemeinden lieber in ihrem verschlossenen Grab eingeschlossen bleiben, fokussiert auf ihre Vergangenheit, und dabei die Kraft Gottes nicht erkennen, die er ihnen für die Mission schenkt.“* (Kennon Callahan, Twelve Keys to an Effective Church – eigene Übersetzung)

Oft ist es leider so, dass wir uns selbst im Weg stehen. Wir betreiben viel Aufwand, personell und finanziell, um unsere Probleme zu lösen. Dabei vergessen wir, dass unser Auftrag in erster Linie heisst: *„Menschen in die Nachfolge Jesu Christi führen und so die Welt verändern".* Wir wollen also in Gottes Mission unterwegs sein. Ich bin überzeugt: Wenn wir das tun, werden unsere Probleme in den Hintergrund treten oder sich gar in Luft auflösen. Das heisst, wir müssen beginnen Kirche anders zu denken.

Fresh Expressions denken Kirche anders. Sie engagieren sich in den Netzwerken, den dritten Orten, leben ihren Glauben im Alltag und leben Gemeinschaft mit anderen Christen. Was daraus entsteht, lässt sich noch nicht definitiv sagen. Doch die ersten Zahlen sind erstaunlich. Allein in der englischen Methodistenkirche stammten 16% der Kirchenbesucher aus Fresh Expressions. Die anglikanische Kirche schreibt, dass inzwischen 15% der Kirchen Fresh Expressions seien und 10% aller Kirchenbesucher in solche Kirchen gehen. In 7 von 10 Diözesen überflügle das Wachstum der Mitglieder in Fresh Expressions den Rückgang der traditionellen Kirchen.

Wie funktionieren Fresh Expressions

Wer zur Quelle will, muss gegen den Strom schwimmen. (Hermann Hesse)

Das Herz von Fresh Expressions

Wenn wir davon ausgehen, dass wir in der Missio Dei mitwirken, in welchem Milieu auch immer, werden wir Gott Vater, Sohn und Hl. Geist selber immer mehr erleben. Wir erleben ihn als Gott den Vater, als den Schöpfer, als Jesus, den Sohn, der zeigt, was Liebe Gottes bedeutet, und als Heiligen Geist, der führt und leitet. Das wiederum bringt uns in eine noch tiefere Verbundenheit mit ihm und anderen Christen. Das meint „Jüngerschaft" oder „Nachfolge Jesu".

Nachfolge als persönliche Prägung

Wie wird man ein Nachfolger Jesu? Im Grunde ist Nachfolge ein Lernprozess: Man wird Lehrling Jesu. Manchmal fühlt es sich an, als ob man gegen den Strom schwimmen muss, und manchmal, als ob man auf einer Welle reitet. Allein schon die Auseinandersetzung mit der Bibel ändert unser Lebensbild. In der methodistischen Tradition werden die Gnadenmittel als Hilfsmittel beschrieben, um in der Liebe Gottes zu bleiben und so von ihm geprägt zu werden (S.14: Gottesdienst, Bibel lesen, Abendmahl, Gebet, Fasten). Obwohl Christsein für jeden individuell beginnt, wird es letztlich nur in der Gemeinschaft unterstützt und gefördert. Nachfolge ist also ein persönlicher Prozess, der in Gemeinschaft mit anderen Christen und Dienst am Mitmenschen mündet.

Deshalb legen Fresh Expressions grossen Wert auf einen Jüngerschaftszyklus (s. S.54f), der den Menschen hilft, mit Gott in Kontakt zu kommen, in der Gemeinschaft Unterstützung zu finden, ihr Leben nach Gottes Vorstellung zu gestalten und hingebungsvolle Nachfolger Jesu zu werden. In der methodistischen Tradition nennt man das Heiligung.

Obwohl es «Fresh Expressions» heisst, ist daran nichts Neues. Die Bibel selber erzählt von solchen Prozessen, die Gott mit den Menschen geht:

- Die Reise des Volkes Israel von der Sklaverei in die Freiheit
- Das Leben Jesu von der Taufe bis zum Leiden, Sterben und der Auferstehung

- Die Jünger, die Jesus nachfolgen, ihm zuhören, seinen Tod und seine Auferstehung erleben, werden an Pfingsten vom Heiligen Geist erfüllt und in die ganze Welt geschickt.

Für Menschen ohne Bezug zu Glauben und Kirche sind diese Gedanken neu. Sie führen sie in eine neue Welt von Beziehungen und Lebensgestaltung. Für die „entkirchlichten" Menschen bedeutet dies eine Auseinandersetzung mit den negativen Erlebnissen mit Kirche und eine Ausrichtung auf neue Formen der christlichen Gemeinschaft. Und für Leitende, Pastoren und Laien, eine vertiefte Auseinandersetzung mit Gott und dem, was Jesus uns vorgelebt hat.

Es ist abzusehen: Alleine wird auch in der heutigen Gesellschaft niemand lange Christ bleiben. Nachfolge geschieht immer in Gemeinschaft. Wir brauchen Menschen an unserer Seite, die uns helfen, auf dem Weg zu bleiben, den Jesus uns vorangeht. Wir brauchen Menschen, die uns zeigen, wo Veränderungen anzugehen sind und wie wir das tun können. Und letztlich werden auch wir anderen Menschen helfen, auf dem Weg zu bleiben und Veränderungen anzugehen. Diese gegenseitige Unterstützung braucht Demut und kann nicht von oben herab kommen.

Häufig beginnt dort, wo wir darauf verzichten, einander in der Nachfolge zu unterstützen, unser christliches Leben zu stagnieren, bis wir letztlich nur noch dem Namen nach Christen sind.

Fresh Expressions leben nach den Prinzipien des Jüngerschaftszyklus. Sie knüpfen bewusst bei den Themen an, welche die Menschen um sie herum interessieren (kontextuell), sie suchen Beziehung zu Menschen, die nicht kirchlich sind (missional), und sie bringen Menschen in Kontakt mit dem Evangelium und führen sie in die Nachfolge Jesu (formativ). Daraus leben sie ihre Gemeinschaft (ekklesial).

Macht sie zu meinen Jüngern

Wer sich auf seinen Lorbeeren ausruht, trägt sie an der falschen Stelle

Kleine Zeitreise ins 18. Jahrhundert...

John Wesley, sein Bruder Charles Wesley und George Whitefield waren die Mitbegründer einer Reformation der anglikanischen Kirche (Church of England). Sie begannen, auf öffentlichen Plätzen zu predigen, was damals als ungeheuerlich galt. Sie setzten ihre Zeit und Kraft dafür ein, den Menschen zu dienen. Alles nach klaren Regeln, einem System, das sie sich ausgedacht hatten. Dieses methodische Vorgehen trug ihnen bald den Spottnamen „Methodisten" ein. Damit konnten die Herren offenbar gut leben, und sie entschieden sich selber, diesen Namen für ihre Bewegung zu verwenden. Neben der traditionellen entstand eine neue Form von Kirche, ein Fresh Expressions, die Methodistenkirche. Die frühen Methodisten erlebten häufig, dass Menschen zum Glauben an Jesus Christus kamen. Leider aber auch, dass dieser Glaube oft wieder verloren ging.

Deshalb entwickelten sie ein System, wie Menschen sich gegenseitig in der Nachfolge Jesu unterstützen konnten. Es gab „Banden" (drei bis vier Personen mit ähnlichen Glaubenserfahrung, Geschlechter getrennt), „Klassen" (Kleingruppen mit ungefähr 12 Personen, gemischt und unterschiedlicher Glaubenserfahrung) und „Gemeinschaften" (40 oder mehr Leute, die zusammen Gottesdienst feierten). Diese Gruppen wurden häufig durch Laien geleitet.

Bis heute stützen sich die verschiedensten Kirchen auf die Idee von Wesley ab, wenn es um Nachfolge Jesu geht. Warum? Weil die Methode überall und in jedem Kontext angewandt werden kann.

Die wesleyanische oder eben methodistische Bewegung begann als eine Methode, Menschen in die Nachfolge Jesu zu führen. Kernstück waren die Kleingruppen (Klassen). Der Fokus lag dabei auf der Frage nach dem „Zustand deines Herzens". Diese Gruppen waren klein genug, dass gegenseitiges Vertrauen wachsen konnte und die Leute bereit wurden, ihr altes Leben hinter sich zu lassen.

Gleichzeitig waren zwei bis vier Personen gemeinsam in einer verbindlichen Gruppe (Bande), eine Art Mentoring. Dort ging es um die Fragen nach der Beziehung zu Gott, der Beziehung in der Partnerschaft der Gruppenmitglieder und dem Befinden bei der Arbeit. Die Teilnehmenden der Mentoringgruppen „achteten auf einander in Liebe" durch gegenseitige Unterstützung und Verbindlichkeit.

Regelmässig trafen sich dann schliesslich alle zusammen in Gemeinschaften (Socials), um gemeinsam die Bibel zu studieren, einander über ihre Erfahrungen mit Gott zu erzählen, Lieder zu singen, kurz: um Gottesdienst zu feiern.

Die noch junge Bewegung der Methodisten war durch und durch ökumenisch zu verstehen. Jeder war willkommen, niemand musste seine Kirche verlassen, um Methodist zu werden. Die Bewegung von damals verbreitete sich auf der ganzen Welt und prägt bis heute die Arbeit vieler Denominationen. Wesley und seine Mitstreiter hatten nichts anderes getan, als das, was Jesus seinen Jüngern als Auftrag mitgegeben hatte: Menschen in die Nachfolge zu führen. Dabei nahmen sie sich ein Beispiel daran, wie Jesus arbeitete, und setzten dies in ihre Zeit um.

…und was wir daraus lernen können

Jede Kirche hat den Auftrag, Menschen in die Nachfolge Jesu zu führen. Die Methodisten weltweit haben sich dies auf die Fahne (genannt «Book of Discipline», vgl. dort Art. 120-122) geschrieben. Sie begründen den Auftrag der Kirche im Sendungsauftrag Jesu an seine Jünger.

Wenn wir Menschen in die Nachfolge Jesu führen wollen, damit die Welt verändert wird, dann werden wir uns auf diese DNA zurückbesinnen müssen.
Als Methodist sehe ich das in meiner Tradition, und ich kann aus den Erfahrungen der Leiter und Pioniere von heute lernen.

Hab Geduld, alle Dinge sind schwierig, bevor sie leicht werden. (aus Frankreich)

Menschen in die Nachfolge Jesu führen, wie geht das?

In der Regel wurde bei Gemeindegründungen bis noch vor ein paar Jahren grosser Wert darauf gelegt, möglichst bald mit einem „Big Event" zu starten, einem grossen, guten Gottesdienst mit möglichst vielen Besuchern. Die Regel besagte, dass binnen einem Jahr in etwa gleichviele Menschen in der neuen Gemeinde ein- und ausgehen werden, wie an diesem ersten Gottesdienst teilgenommen haben. Das bedeutet: Bis vor wenigen Jahren wurden die neuen Gemeinden mehrheitlich attraktional gestartet. Man begann mit Gottesdienst, lud die Leute zu Kleingruppen ein und erst dann begann der Dienst am Mitmenschen.
Mit der Zeit, manchmal Jahre später, fand ein Umdenken statt. Häufig nach der ersten grossen Stagnation.

Fresh Expressions sind von Beginn an missional ausgerichtet. Sie wollen sich in ihrer Umgebung einbringen, den Menschen dienen und so Beziehungen knüpfen. Aus diesen Beziehungen entstehen kleine Gruppen. Aus diesen Gruppen wiederum kommen die Überlegungen für einen Gottesdienst. Der Ansatz, den Fresh Expressions nutzen, erinnert sehr stark an das, was die Methodisten einführten.

Wenn unsere heutige Gesellschaft sich nach Spiritualität sehnt, aber nicht nach Religion, und dabei gleichzeitig nach guten Beziehungen sucht, was würde das für uns bedeuten? Nichts anderes als eine grosse Möglichkeit, den Menschen in der Liebe Gottes zu begegnen und mit ihnen solche Beziehungen zu bauen. Beziehungen in denen Vertrauen wachsen kann, die verbindlich werden und in denen wir miteinander lernen, das Leben nach Gottes Idee zu gestalten. Wo ist Spiritualität tiefer erlebbar als bei dem, der sie erfunden hat, Gott? In guten, tragfähigen Beziehung miteinander Gott zu entdecken, seine Kraft zu spüren, sich von ihm füllen zu lassen, kurz: ihm nahe zu sein, das ist die Herausforderung, der wir uns heute stellen müssen.

Diese Art mit Menschen unterwegs zu sein ist für viele nicht mehr selbstverständlich. Wir verlassen uns lieber auf das, was wir kennen. Deshalb gestalten wir unsere Gemeinschaften nach altem Muster, setzen einiges an Zeit, Kraft und auch Geld dafür ein, damit nicht noch mehr Leute der Kirche den Laufpass geben auf der Suche nach Gotteserfahrungen.

Schritt um Schritt

Auch im Alphabet kommt Anstrengung vor Erfolg

Einmal ganz praktisch

Um mit Fresh Expressions zu starten, sind ein paar Dinge zu beachten. Grundsätzlich können alle bei einem Fresh Expressions Projekt mitmachen. Fresh Expressions sind nicht nur Projekte für die ausgeflippten Fantasten unserer Zeit. Es gibt jedoch ein paar Dinge zu beachten.

Schauen wir uns zuerst ein paar verschiedene, wichtige Rollen an, die nötig sind, damit Fresh Expressions entstehen können.

Denken wir zurück an 1. Korinther 12: Der Leib Christi hat viele Glieder. Erst durch die Vielfalt und das Zusammenspiel der verschiedenen Elemente entsteht ein Ganzes. Fresh Expressions Projekte werden nie das Lebenswerk eines heroischen Sololeaders. Gerade weil sie auf Beziehungen bauen, brauchen sie immer ein Team, welches die Leitung und die verschiedenen Rollen übernimmt.

Pioniere – diejenigen, die Ideen umsetzen. Sie geben sich in die Gesellschaft ein, bauen Beziehungen, indem sie den Menschen dienen, bauen Gemeinschaft auf. Manchmal sind das Pastoren und andere von der Kirche angestellte Personen, oft – besonders zu Beginn – sind es Menschen, die bewusst auf einen Teil ihres Einkommens verzichten, um so mehr Zeit für das Projekt zu haben. Auf jeden Fall sind es Menschen, deren Herz für die Menschen schlägt, mit denen sie Kontakt suchen. Sie sehen ihre Umgebung als Missionsfeld, hören genau hin, wo Gott bereits am Wirken ist, und setzen dort an.

Pioniere sind bereit auszuprobieren, zu scheitern, daraus zu lernen und wieder von neuem auszuprobieren. Sie sind bereit, auf einiges zu verzichten und sich in den Gegenwind der kirchlichen Landschaft zu stellen. Denn auch bei Christen gilt: Wer etwas Neues wagt, hat Bewunderer auf der Seite und ein paar Spötter im Nacken.

Es ist für uns alle wichtig zu wissen, dass Fresh Expressions nicht verändern, was wir tun, sondern nur die Art und Weise, wie wir es tun. Menschen, die so leben, begegnen anderen Menschen, bauen Gemeinschaft, bringen sie mit Gott in Kontakt und unterstützen sie in der Nachfolge Jesu. Sie machen nichts anderes als das, was jede christliche Gemeinschaft tun sollte: Menschen in die Nachfolge Jesu führen.

Mentoren – diejenigen, die den Pionieren den Spiegel vorhalten. Während Pioniere sich mit der Umsetzung beschäftigen, sind es die Mentoren, die sich mit den Pionieren beschäftigen. Sie helfen den Pionieren, auf dem Weg zu bleiben und im Sturm die Richtung zu halten. Das Leben als Pionier folgt nicht immer unseren schön formulierten Regeln und Ordnungen. Oft ist es chaotisch und unvorhersehbar. Gerade darum sind Mentoren wichtig, die ein Stück Weg mitgehen.

Mentoren vertrauen darauf, dass Gottes Geist ihnen zeigt, was für die Pioniere als nächstes dran ist, und haben die Fähigkeit, die grösseren Zusammenhänge auf den Punkt zu bringen. Mentoren geniessen das Vertrauen der Pioniere und können deshalb auch schwierige Dinge ansprechen.

Visionäre – diejenigen mit den Ideen. Oft sind es Menschen, die ein Stück weiter in die Zukunft blicken als die anderen. Sie können sich vorstellen, wie es denn einmal sein könnte. Sie sehen eine Situation, Problemfelder und Herausforderungen und entdecken darin neue Möglichkeiten. Es kann sein, dass Visionäre auch Pioniere sind. Das muss aber nicht so sein. Wie bei der

Besiedlung von Amerika gab es Visionäre, die neue Möglichkeiten sahen, das Land zu besiedeln. Es gab Pioniere, die den ersten Schritt wagten und es gab die

Siedler – die letztlich die Städte bauten. So braucht auch ein Team, das ein Fresh Expressions startet, solche Siedler-Typen. Häufig sind das diejenigen, die die Fähigkeit haben, Ressourcen zu organisieren, angefangene Dinge weiterzuführen, und die den Visionären und Pionieren helfen, nicht zu schnelle und zu grosse Schritte zu gehen. Im chaotischen Unterwegs-Sein, sind sie es, die etwas Ruhe und Konstanz einbringen.

Manchmal braucht es Menschen, die eine Beauftragung aussprechen. Sei dies mit einer besonderen Dienstzuweisung für Pfarrpersonen oder durch Beauftragung von Gemeindemitgliedern auf Gemeindeebene. Oft wird das „OK von oben" unterschätzt. Dabei spielt es keine Rolle, ob es von höchster Stelle oder vom Pfarrer oder der Leitung in der eigenen Gemeinde kommt. Ja sogar der Beschluss einer ganzen Versammlung kann Pioniere ermutigen, den Schritt zu wagen und ein Projekt zu beginnen.

Ohne dass einmal etwas schief ging, ist nie einer Meister geworden

Wie starte ich ein Fresh Expressions

Denken wir an die Missio Dei, Gottes Mission in unserer Welt: Er ist bereits am Wirken. Wir beobachten und stellen uns dort zur Verfügung, wo Gott wirkt. Anders gesagt, wir zählen auf die Gemeinschaft mit dem Heiligen Geist. So wie der Geist Gottes Paulus und sein Team führte, wird er auch uns dorthin bringen, wo er uns brauchen will. Das ist Voraussetzung: Gottes Geist geht voran, wir folgen ihm. Wir können davon ausgehen, dass Gott wirkt und er Menschen braucht, die sich ihm zur Verfügung stellen. Das ist die Grundlage: Wir arbeiten in SEINER Mission.

Das erklärt auch, warum Fresh Expressions in ganz unterschiedlichen Kontexten entstanden sind. Mit Menschen, die Skateboard fahren und Hip-Hop mögen, wie mit solchen, die lieber Metalmusik hören und mit Hip-Hop gar nichts anfangen können. Mit Alleinerziehenden und Patchwork Familien genauso wie mit solchen, die ein traditionelles Bild von Familie leben. Mit sexuell Missbrauchten, gemobbten, gleichgeschlechtlich Orientierten, solchen, die wir als ganz normal oder als psychisch angeschlagenen einstufen würden. Es gibt Fresh Expressions, die sich in Kaffees treffen, andere, die lieber in der Natur unterwegs sind. Es gibt jene, die sich eher als klösterlicher Lebensgemeinschaft sehen, und wieder andere, die auf Online-Treffen setzen.

Alle haben eines gemeinsam: Sie suchen eine Form, die Menschen in ihrem Kontext zu erreichen und mit ihnen Beziehungen und letztlich christliche Gemeinschaft zu bauen.

Legt dir jemand Steine in den Weg, bau 'was Schönes draus!

Mit einer Idee fängt alles an

Das, was mich bewegt, die Menschen, die mir nahe sind oder mir am Herzen liegen, sind der Anfang eines Fresh Expressions.

Team

Ein Fresh Expressions zu starten ist eine komplexe Aufgabe mit Herausforderungen, zu denen noch keine Lösungen da sind, und mit ungewissem Ausgang. Deshalb ist es entscheidend, dass Teams entstehen, die bereit sind, gemeinsam zu lernen und daraus die richtigen Schlüsse zu ziehen. Der Schweizer Sozialforscher Etienne Wenger nennt solche Teams „*Communities of practice*". Er beschreibt damit Lerngruppen oder Arbeitsteams mit gleichem Interesse oder gleicher Leidenschaft, die miteinander unterwegs sind, um neue Dinge und Verhaltensweisen zu lernen, Bündnisse zu schliessen und Risiken einzugehen. Sie erwerben neue Fähigkeiten. Sie lernen, ihre eigenen Möglichkeiten zu erweitern und die Dinge besser zu tun, wobei nicht immer alles funktioniert, was sie tun. Die Gruppen zeichnen sich Wenger zufolge durch eine gemeinsame Identität aus, die durch ihre Aufgabe bestimmt wird. Jedes Gruppenmitglied bringt eigene Fähigkeiten ein. Zusammen, verbunden mit dem Lernprozess, werden die Gruppen fähig, komplexe Aufgaben zu lösen.

Wie wir oben gesehen haben, ist es wichtig, dass Fresh Expressions Leiter nicht alleine unterwegs sind. Deshalb ist der erste Schritt, von meiner Idee zu erzählen und Leute zu gewinnen, die mit mir ein Team bilden. Ein funktionierendes Team besteht nicht unbedingt aus Menschen, die alle gleich denken und gleich sind. Im Gegenteil, die Vielfalt hilft, breiter zu denken und zu planen. Es ist jedoch unerlässlich, dass das Team zusammen wachsen kann. Mitglieder in einem funktionierenden Team vertrauen einander, das heisst, sie sind bereit Konflikte auszutragen und nicht einfach zu übergehen. Gegenseitiges Vertrauen kann erlernt werden. Wie? Indem man Zeit miteinander verbringt. Vertrauen wächst am einfachsten indem man bei sich selber anfängt und den anderen im Team gegenüber offen und ehrlich die eigenen Schwächen eingesteht. Teams, die sich vertrauen, werden fähig Konflikte auszutragen, weil sie wissen, dass es allen ums Ganze geht und nicht darum, jemanden schlecht zu machen. Werden Konflikte ausgetragen, kann ein guter, gesunder Konsens entstehen. Ein Konsens, hinter dem das ganze Team steht, fördert die Verbindlichkeit gegenüber dem Team und dem angestrebten Ziel. Funktionierende Teams nehmen sich deshalb gegenseitig in Verantwortung und setzen den Massstab entsprechend höher an. Denn sie haben ein gemeinsames Interesse, das sie verfolgen. Deshalb ist ihr Engagement auch höher als bei nicht funktionierenden Teams, bei denen die Erwartungen nicht geklärt sind, die ihre Erwartungen tief halten und von sich gegenseitig keine Rechenschaft und damit keine Verbindlichkeit fordern. (vgl. Patrick Lencioni, Die 5 Dysfunktionen eines Teams, Wiley Verlag)

Jedes Team geht durch verschiedene Phasen. Bekannt sind die Begriffe „forming, storming, norming und performing". Das heisst, jedes Team findet zusammen (forming), wird einen Sturm erleben (storming), wenn es den überlebt, kehrt Ruhe ein (norming) und daraus kann das gestärkte Team arbeiten (performing). Das zu wissen hilft, mit seinem Team unterwegs zu sein.

Teamentwicklung geschieht am einfachsten, wenn man miteinander Aufgaben löst und Grundlagen erarbeitet. Dies sind die Dinge, die man klärt, bevor das eigentliche Fresh Expressions in die Öffentlichkeit geht. Dazu gehören:

Werte

Damit ist die Grundlage einer Organisation gemeint. Wir unterscheiden dabei zwischen Kernwerten, Überzeugungen und Verhaltensweisen. Werte sind tiefer verankert als unsere Verhaltensmuster und unsere Glaubensüberzeugungen. Sie bilden den Kern unseres Denkens und Handelns. Werte helfen uns – bewusst oder unbewusst – Entscheidungen zu treffen und Prioritäten zu setzen. Daher ist es wichtig, sich mit seinen eigenen Werten auseinanderzusetzen und einen gemeinsamen Nenner zu finden. In den Diskussionen werden häufig bevorzugte Werte beschrieben, unsere Ideale, das, was wir gerne hätten, dass es so wäre. Die Realität sieht dann aber häufig anders aus. Deshalb ist es wichtig, zwischen den aktuellen, den jetzigen Werten und den bevorzugten, den angestrebten Werten zu unterscheiden. Oft sind bestehende Werte ungeschriebene Gesetze, Traditionen, Ideen, die zu unseren Leitlinien geworden sind. Werte sind schwer zu ändern. Dennoch, es muss nichts bleiben wie es ist. Aber ohne die Dinge beim Namen zu nennen, wird sich ganz sicher nichts ändern.

Harald Wetzler schreibt in seinem Buch „Selbst Denken" von einer „assumptive world". Es geht dabei um Vorstellungen darüber, wie die Dinge zu sein haben, und dass diese Vorstellungen unser Denken so beeinflussen, dass „*man gewissermassen gedacht wird und nicht selbst denkt*". (Harald Welzer, Selbst denken – Eine Anleitung zum Widerstand, S. 231, S. Fischer Verlag)

Sich mit seinen bestehenden und erwünschten Werten auseinanderzusetzen, erfordert Kraft und Mut, weil man im Team selten einer Meinung ist, sondern diese Meinung zuerst erarbeiten muss. Dabei kann man sein Gesicht verlieren, was ja häufig mit roten Backen einhergeht. Peinlichkeiten möchte man aber lieber vermeiden. Deshalb ist es bequemer, einfach so zu tun, als wäre man gleicher Meinung. Das kostet schlicht und einfach weniger Energie.

Kontext
Die heutige Gesellschaft besteht aus unendlich vielen Subkulturen oder Nischen, in die man sich begeben kann. Dort sind die Leute, die ähnlich denken wie man selbst, die gegen dieselben Dinge sind oder gleiche Werte haben.
War früher klar, wie man als guter Bürger zu leben hat, stehen heute viele Lebenskonzepte zur Verfügung. Man unterscheidet und grenzt sich voneinander ab, um sich selbst zu definieren.

Beim Kontext geht es also um ein klares Bild der aktuellen Realität innerhalb des Teams (oder der bestehenden Kirche) und ausserhalb, bei den Menschen, die wir mit dem Fresh Expressions erreichen wollen. Es gilt dabei die Unterschiede und Gemeinsamkeiten herauszuschälen. Ein gutes Hilfsmittel aus der Wirtschaft kann dabei das System CANVAS sein *(vgl. The Business Model Canvas, Alexander Osterwalder)*. Dieses System hilft, auf einfache Weise die richtigen Fragen zu stellen und einen Überblick zu erhalten.

Auftrag

Oder Mission oder Zweck. Gemeint ist immer das, wozu das Fresh Expressions da ist. Klar zu formulieren, was der Auftrag ist, hilft, sich immer wieder darauf zu besinnen, was getan werden soll und was nicht. Der Auftrag steht in engem Zusammenhang mit den Werten und dem Kontext. Im Auftrag zeigt sich, wie das Fresh Expressions den Sendungsauftrag von Jesus an seine Jünger interpretiert. Was heisst es, in alle Welt zu gehen und die Menschen in die Gemeinschaft zu führen (zu taufen) und sie zu lehren, was Jesus den Jüngern gezeigt hat? Der Auftrag soll so formuliert werden, dass er inspiriert und ermutigt, die Arbeit anzupacken. Ein zu allgemein formulierter Auftrag verliert seine Wirkung und geht häufig vergessen oder rückt in den

Hintergrund. Der Auftrag führt zum Handeln, deshalb basiert er auf Verben. Es geht um das, was wir tun. Ganz allgemein wird jede christliche Gemeinschaft sagen, wir wollen Menschen in die Nachfolge Jesu führen. Leider ist das wenig spezifisch. Das wiederum führt dazu, dass keine klare Sicht aufs Ganze möglich ist und – ähnlich wie beim Thema Team – verlieren sich mit der Zeit die Ansichten über das, was wirklich zu tun ist. Es wird verschiedene Interpretationen geben und damit auch verschiedene Interessen. Die Frage heisst also immer: Wozu tun wir das, was wir tun? Damit gebrochene Menschen Gott entdecken; damit diejenigen, die niemand will, eine Heimat finden; damit die Menschen in unserem Umfeld Gott entdecken; damit Menschen Schritte näher zu Gott machen. Oder wie es die Church of Christ the King aus Brighton, England schreibt: „In Brighton. For Brighton".

Das Missionstatement beschreibt den Auftrag, das, was wir tun, in einem kurzen Satz, klar und einfach formuliert.

Vision

Dem gegenüber steht die Vision. „Sie ist ein Bild der Zukunft, das Leidenschaft weckt" hat Bill Hybels gesagt. Die Vision zeigt, wie die Welt in ein paar Jahren aussieht, wenn wir unseren Auftrag erfüllen. Sie inspiriert, ermutigt, führt unseren Blick in die richtige Richtung, beschreibt, was Gott mit uns vorhat. Auch die Vision wird einfach formuliert, so dass jeder sie sich merken kann. Die Grundfrage heisst: Wenn wir tun, was wir als unseren Auftrag sehen, wohin führt uns das? Im Gegensatz zu den Amerikanern, die jeweils schnell eine Vision formulieren, fällt uns Westeuropäer dies häufig schwerer. Umso hilfreicher kann es sein, tatsächlich ein Bild der Zukunft zu zeichnen und danach eine Formulierung zu finden.

Strategie

Nun bleibt noch die Frage, wie wir vom Auftrag zur Vision gelangen. Welche Schritte müssen wir tun, damit wir Menschen in die Nachfolge Jesu führen können und so die Welt verändern? Die Strategie beschreibt unsere Aktionen, unser Programm. Wieder vom Sendungsauftrag her gedacht, leiten wir daraus den Jüngerschaftszyklus ab (s. S.32 „Das Herz von Fresh Expressions).

Es geht dabei um die vier Themenkreise

- den Menschen begegnen
- Gemeinschaft bauen
- ermutigen und befähigen
- leidenschaftliche Nachfolger Jesu sein

Die einzelnen Schritte zeigen den Fokus, welcher jeweils gelegt wird. Alles zusammen ist nicht als Karriereleiter zu verstehen, sondern vielmehr als dauernder Kreislauf. Man ist immer in mehreren Bereichen unterwegs.

Aus Sicht der Menschen um uns herum sehen die Themenkreise so aus

- „entkirchlichte" Menschen begegnen Christen
- Sie beginnen am Leben der Gemeinde teilzunehmen
- Sie entdecken Jesus und beginnen ihr Leben auf ihn auszurichten
- Sie beginnen ihre Gaben einzusetzen und werden so zu leidenschaftlichen Nachfolger Jesu

Der Zyklus zeigt auf, welche Schritte geschehen, wenn jemand zum Nachfolger Jesu wird. Zur Strategie gehört es, die entsprechenden Übergänge aktiv zu gestalten, sich dabei immer an einer Frage auszurichten: „Wie gelangen die Menschen von Punkt A nach B nach C und so weiter?". Wenn wir „entkirchlichten" Menschen begegnen, wie helfen wir ihnen, damit sie ein Teil der Gemeinschaft werden können? Wie helfen wir ihnen, damit sie Jesus entdecken und beginnen, ihr Leben nach ihm auszurichten? Wie helfen wir ihnen, damit sie beginnen ihre Gaben einzusetzen und leidenschaftliche Nachfolger Jesu werden?

Es braucht Mut und Ausdauer, am ganzen Zyklus dran zu bleiben. Werden nur die ersten zwei Schritte gemacht, bleibt es bei einer guten sozialen Arbeit. Das ist zwar nicht falsch, aber nur der halbe Weg. Letztlich bleibt es beim Auftrag, den Jesus seinen Jüngern gegeben hat, Menschen zu seinen Nachfolgern zu machen. Es wäre schade, auf halbem Weg stehen zu bleiben.

Ein kurzer Abschluss

„Alles wird besser, nur Gott bleibt gut!" Vor Jahren war dies das Thema an einer Jugendkonferenz. Gott als Halt und Orientierung in den Veränderungen der Zeit, war Inhalt der Diskussionen und Referate. Die Welt hat sich weiter gedreht und sich abermals verändert oder zumindest die Gesellschaft.

Manchmal bereiten mir Veränderungen Mühe. Ich bekomme das Gefühl, da nicht mehr mitzukommen. Dennoch, die anstehenden Herausforderungen sind immer auch Chancen. Wir haben die Wahl: Uns von Problemen den Mut nehmen zu lassen oder wir halten Ausschau nach neuen Möglichkeiten und vertrauen auf Gottes Wirken. Ich glaube, unsere Aufgabe ist es, in der Missio Dei zu bleiben und uns von Gott leiten zu lassen. Egal was kommen mag, ich weiss: Gott bleibt gut!

Zur Vertiefung

Nachdenken

Kirche für alle – in verschiedenen Formen:

Bibeltext: Apostelgeschichte 15,1- 29 (Galater 2,1-10)

1) Was fällt Ihnen im Bibeltext besonders auf? Welches sind neue Erkenntnisse?
2) Wie würde eine ähnliche Diskussion in Ihrer Gemeinde ablaufen?
3) Welche Auswirkungen auf Ihr Leben hat die Aussage: „Gottes Gnade gilt allen Menschen, sein Abbild ist in allen Menschen zu finden, seine Gnade wirkt in uns, bevor wir es wahrnehmen, und Heiligung ist ein lebenslanger Prozess."? (Seite 11)

Wandel der Gesellschaft

Bibeltext: 1. Korither 9,19-27

1) Was fällt Ihnen im Bibeltext besonders auf? Welches sind neue Erkenntnisse?
2) Wer sind die Juden, Griechen, Gesetzlosen, Schwachen in Ihrer Umgebung?

3) Wo und wie stellen Sie den Wandel der Gesellschaft fest?

4) Wie denken Sie über das Zitat von Kennon Callahan auf Seite 28?

Wie funktionieren Fresh Expressions

Bibeltext: Johannes 12,24-26

1) Was fällt Ihnen im Bibeltext besonders auf? Welches sind neue Erkenntnisse?

2) Was bedeutet es für Sie, „sein Leben zu verlieren, um es zu gewinnen"?

3) Nachfolge als persönliche Prägung. Wie würden Sie diese Prägung beschreiben?

Macht sie zu meinen Jüngern

Bibeltext: Matthäus 28,16-20

1) Was fällt Ihnen im Bibeltext besonders auf? Welches sind neue Erkenntnisse?

2) Können Menschen andere Menschen in die Nachfolge Jesu führen, sie zu Jüngern machen?

3) Was halten Sie von der Aussage: „In guten, tragfähigen Beziehung miteinander Gott zu entdecken,

seine Kraft zu spüren, sich von ihm füllen zu lassen, kurz: ihm nahe zu sein, das ist die Herausforderung, der wir uns heute stellen müssen."? (S. 40)

4) Wie würden Sie sich dieser Herausforderung stellen?

Schritt um Schritt

Bibeltext: Lesen Sie die ganze Apostelgeschichte

1) Was fällt Ihnen im Bibeltext besonders auf? Welches sind neue Erkenntnisse?

2) Leitende, Seite 42: Sind sie eher Pionier, Mentor, Visionär?

3) Missio Dei, Seite 45: Wo in Ihrem Umfeld erkennen Sie Gottes Wirken?

4) Team, Seite 47: Welche guten Teamerfahrungen haben Sie gemacht? Welche waren eher schwierig?

5) Werte, Seite 50: Bis hierhin und nicht weiter: Welches sind Ihre fünf wichtigsten Werte, die sie nie aufgeben würden? Was hält, trägt, motiviert Sie, wenn alles andere weg ist?

6) Kontext, Seite 51: Wagen Sie einen wahrheitsgetreuen Blick auf Ihre Gemeinde. Was entdecken Sie, was fällt Ihnen auf? Wo gibt es zu Ihrem Umfeld Unterschiede, wo Gemeinsamkeiten?

7) Auftrag, Seite 52: Wie würden Sie den Auftrag Ihrer Gemeinde beschreiben?

8) Vision, Seite 53: Beschreiben oder zeichnen Sie Ihr Bild der Zukunft. Wie sieht Ihre Gemeinde in 10 Jahren aus?

9) Strategie, Seite 54: Wenn Sie all Ihre Ideen und bestehenden Angebote anschauen und diese nach den 4 Punkten im Jüngerschaftszyklus einreihen: Wo gibt es Lücken? Wie könnten solche Lücken gefüllt werden?

10) **Ihr nächster Schritt: Mal ganz ehrlich: Wenn Sie diese Fragen angeschaut und beantwortet haben, wäre es jetzt nicht an der Zeit den nächsten Schritt zu tun?**

Anhang

Mehr über Fresh Expressions im Internet
Website Fresh Expressions Schweiz
www.FreshExpressions.ch

Website Fresh Expressions Deutschland
www.Freshx.de

Website Fresh Expressions of church England
www.FreshExpressions.org.uk

Bücher zum Thema
Michael Herbst, Mission bringt Gemeinde in Form (org. mission-shaped church von Graham Cray), Aussaat Verlag

Michael Moynagh, Fresh X – das Praxisbuch, Brunnen

Sabrina Müller, Fresh Expressions of Church: ekklesiologische Beobachtungen und Interpretationen einer neuen kirchlichen Bewegung, Theologischer Verlag Zürich

Hier gibt es Hilfe für den nächsten Schritt
Spezialisten für Teamprozesse und Gemeindeentwicklung finden Sie unter www.spiritual-leadership.org